HAPPY NEW YEAR
DANY

C'EST POUR UNE DÉDICACE...

Avenue de Visé, 11 - 1170 Bruxelles
Tél. int. 32-(0)2 / 672.23.18
Fax. int. 32-(0)2 / 675.17.97

Distribution France: EURO BD
56, rue Victor Hugo - 59125 Trith-Saint-Léger
Tél: 27.21.21.88
Fax: 27.21.21.89

D.1994 / 5336 / 40

ISBN 2-87265-036-9

Premier tirage
Photogravure Studio Leonardo
Imprimé en C.E.E.

DANY

VOUS N'AVEZ PAS HONTE ?

Avec

Tibet, Quinten, Stanley Lubrick, Bob de Groot, Alain Goffin, Eric Thomas, Kasuku, Olivier, Marc, Jean Van Hamme.

Merci à tous ces petits coquins qui savent si bien raconter les blagues…

P&T PRODUCTION

HÉ!... VOUS, JE VOIS OÙ VOUS VOULEZ EN VENIR!... VOUS SAVEZ, JE LIS DANS LES HOMMES COMME DANS UN LIVRE!...
AH?... ET VOUS AIMEZ LIRE AU LIT?...
DANY

Avant tout(es)…

Je me trouve en ce moment aux Seychelles avec quelques copines. On est sur une plage de sable blanc et chaud. Une plage qui s'allonge à l'infini sur une mer aussi turquoise que transparente.
Il fait chaud, mais pas trop. On se tient près des cocotiers et un léger alizé nous caresse tendrement.
Les filles sont jolies et primesautières. Je vois Natacha et Lucie qui jouent avec une banane verte et j'entends leurs rires de gamines insouciantes. Elles sont si coquines qu'elles ont enlevé aussi le bas du maillot. Elles trouvent le string encombrant aux Seychelles. Elles n'arrêtent pas de me lorgner avec des petites mines gourmandes… Non, mesdemoiselles, pas maintenant!… Pour l'instant, j'ai mieux à faire!
Je suis allongé tout nu pour ne pas mettre les filles mal à l'aise, la tête reposant sur le haut des merveilleuses cuisses de Poupette, ou plutôt la tête sur le bas de son ventre. Elle n'arrête pas de rigoler avec Naomi, la belle Malienne, qui lui fait des petites agaceries sur les tétons. Chaque fois que Poupette rigole, ses frisettes me chatouillent la nuque, tellement elle se secoue.
En fait, Poupette et Naomi, mine de rien, essaient de m'exciter, mais moi, quand je dis non, c'est non!… Tout à l'heure! Un peu de patience, merde!
Pour le moment, j'ai pas envie de bouger, d'autant plus qu'Ingrid, la grande Suédoise, me mordille les orteils avec une maestria diabolique. Si Nicou n'était pas allongée sur ma jambe droite, un peu cavalière, vous voyez, en train de me goûter le nombril d'une langue experte, je crois bien que je ruerais. D'autant plus que Nicou, qui est une superbe Eurasienne, m'observe en douce à travers les fentes de ses yeux ombrés…
Non! Vous ne m'aurez pas! Pas tout de suite, mordel de berde!
Mais voilà que s'avance Joëlle. Elle m'apporte un cocktail irisé dont le bord du verre est givré de sucre fin qu'elle lèche en me fixant. Elle s'est rasé tout le bas, Joëlle. C'est très beau, on dirait une petite fille qui me tire une minuscule langue. Elle est déjà très mutine, Joëlle, pour ses 16 ans! Mais elle ne m'aura pas plus que les autres, cette affamée! Je veux d'abord et avant tout terminer de lire ce magnifique album de Dany! Vous n'avez pas honte?… C'est vrai, quoi, à la fin! Il n'y a pas que la gaudriole dans la vie!
Et la culture, alors, bande de goulues!

J'aime les filles…

Quand on aime les femmes comme je les aime, on ne peut pas ne pas adorer la chanson de Jacques Dutronc: "J'aime les filles"… Il est comme moi, Dutronc, il aime toutes les filles, de tous les milieux, de toutes les couleurs, etc, etc.
Comme il a raison! Les femmes, c'est encore ce qu'on a trouvé de mieux pour atteindre le Paradis.
Il a commis un petit oubli, Dutronc. À la fin de sa chanson, il dit: "Si vous êtes comme mi, téléphonez-mi"…
ET IL NE MET PAS SON NUMÉRO DE TÉLÉPHONE le sot! Alors, je profite de la large diffusion de ce merveilleux album pour vous donner mon numéro à moi: c'est le XXXXXXXXXX.* J'attends vos appels!
Je vous embrasse toutes! Smack!

Tibet 94

* La loi interdisant le racolage sous quelque forme que ce soit nous ne pouvons nous permettre d'éditer le numéro de Tibet. *(L'éditeur)*

nec plus ultra

PFFFT! EXCUSE-MOI, MAIS TU FAIS L'AMOUR COMME... COMME UN LAPIN!
BOF! POURQUOI TU DIS ÇA? DE TOUTE FAÇON, TU NE PEUX PAS JUGER UN MEC EN CINQ SECONDES HEIN?...
DANY

ÇA ALORS! TU SAIS QU'À RIO, IL Y A DES FEMMES QUI DONNENT CENT FRANCS À LEUR AMANT CHAQUE FOIS QU'ILS FONT L'AMOUR! HÉ! HÉ! J'IRAIS BIEN VIVRE LÀ-BAS, MOI!...
AH OUI? ET COMMENT POURRAIS-TU VIVRE AVEC CENT FRANCS PAR MOIS, TOI?...
GEO
LOVE
DANY

RIO

Record du monde

Il y a quelques années, les Anglais avaient lancé une espèce de concours qui consistait à enfermer le plus de monde possible dans une cabine téléphonique.
Une idée typiquement anglaise, n'est-il pas?
Le record absolu était, si je me souviens bien, de vingt-sept étudiants et étudiantes. Record imbattable et imbattu jusqu'à ces jours derniers.
La semaine passée, Daisy, une jeune fille de Folkestone, est rentrée chez elle dans un état d'exaltation inouï.
- Papaaa, Mamaaan! Notre école a battu le record du monde! C'est fantastique!!
- Bravo, formidable! (Parents anglais sportifs mais émus.) Quel est votre score?
- Vingt-huit étudiants! Notre école est la meilleure!
- Vingt-huit?! Uncredible! Comment avez-vous fait?
- Nous avions remarqué que lorsque nous nous tassions dans la cabine téléphonique, les garçons montraient leur émotion de manière encombrante.
- Naturellement, my dear, ça devait prendre beaucoup de place dans cette petite cabine.
- Terrific! Mais on a trouvé le truc: toutes les filles ont enlevé leur petite culotte, et…
- Voyons, Daisy, ces fines lingeries ne devaient pas prendre beaucoup de place?
- Oh, si! Après, ça s'imbriquait beaucoup mieux!!!

TIBET 94

Mon ami Dimitrios

- Allô, Dimitrios? C'est moi, Tibet. Comment ça va à Athènes?
- Formidablement bien! Je n'ai jamais connu une telle félicité!
- Dis donc! Bravo! Raconte!
- Avec ma femme, Melina, tu la connais…
- Tu parles, elle est splendide!
- C'est vrai… Alors, tu sais qu'elle a un caractère épouvantable.
- Heu… oui, il paraît!
- Figure-toi, il y a quinze jours, pour une peccadille, on s'est engueulés, à un point tel qu'elle m'a menacé de faire la grève de l'amour!
- Bah! C'est des menaces en l'air, ça!
- Penses-tu! Tu ne connais pas les Grecques! Elle a tenu parole! Et depuis, tous les soirs, au lit, elle me tourne le dos!
- Houlà! Ça c'est dur!
- Tu l'as dit!!! Mais… c'est pas vraiment une punition! C'est encore meilleur!

TIBET 94

plus concomitant, tu meurs

ONE WAY
NO PARKING ANY TIME
Sedan de Ville
DANY

Bob, le privé

Le glauque, le bizarre, l'incongru et les femmes, ça me connaît. Surtout les femmes, normal, j'suis un privé… de moyens certes, mais un privé quand même, avec l'imper Humphrey, le chapeau «faucon maltais» et tutti quanti.
Haaa, les femmes! J'en ai broustillé quelques-unes.Elles aiment ça, quand je leur titille la bulgamine, ça m'inspire, surtout quand elles ont un derrière intelligent à te faire péter le calbutte façon Pinder double-piste.
J'en ai connu de la haute qui sentaient bon le sable chaud entre les plis des dessous en soie, et qui, dès qu'on les mettait en marche, foutaient des complexes aux lapins Duracel, version "si t'as commencé, tu finis plus".
J'en ai connu du bas, qu'ont des bas, celles du claque, ça pète PAN.
Dont la grosse Marie-Louise qu'avait une paire de seins à t'étouffer un régiment de Sénégalais en goguette.Elle n'avait qu'un problème: elle avait le téton qui rayait l'émail.
Si vous avez le temps, passez à mon agence, j'vous présenterai Pamela Burlin, ma secrétaire, ma maîtresse mais néanmoins amante.
Elle a autant de piquant qu'un oursin un soir de pleine lune…
Good bye, see you later.

John Fiztgerald Weston, Jr.
(dit Bob pour les intimes)

les aventures du commissaire Lapogne: «Identification»

... COMMISSAIRE, ELLE PRÉTEND QU'ELLE A TIRÉ SUR CE TYPE PARCEQU'IL ALLAIT LA VIOLER !!... J'AI DES DOUTES : CE PAUVRE VIEUX AVAIT 78 ANS ! VOUS VOUS RENDEZ COMPTE ? C'EST PAS CRÉDIBLE, UN TRUC PAREIL ! ...
DANY + MARC

les aventures du commissaire Lapogne: «La Gueule de l'emploi»

Quand je sens en chemin
Les trépidations de ma machine
Il me monte des désirs
Dans le creux de mes reins.

Serge Gainsbourg

DANY

tropical pour être honnête

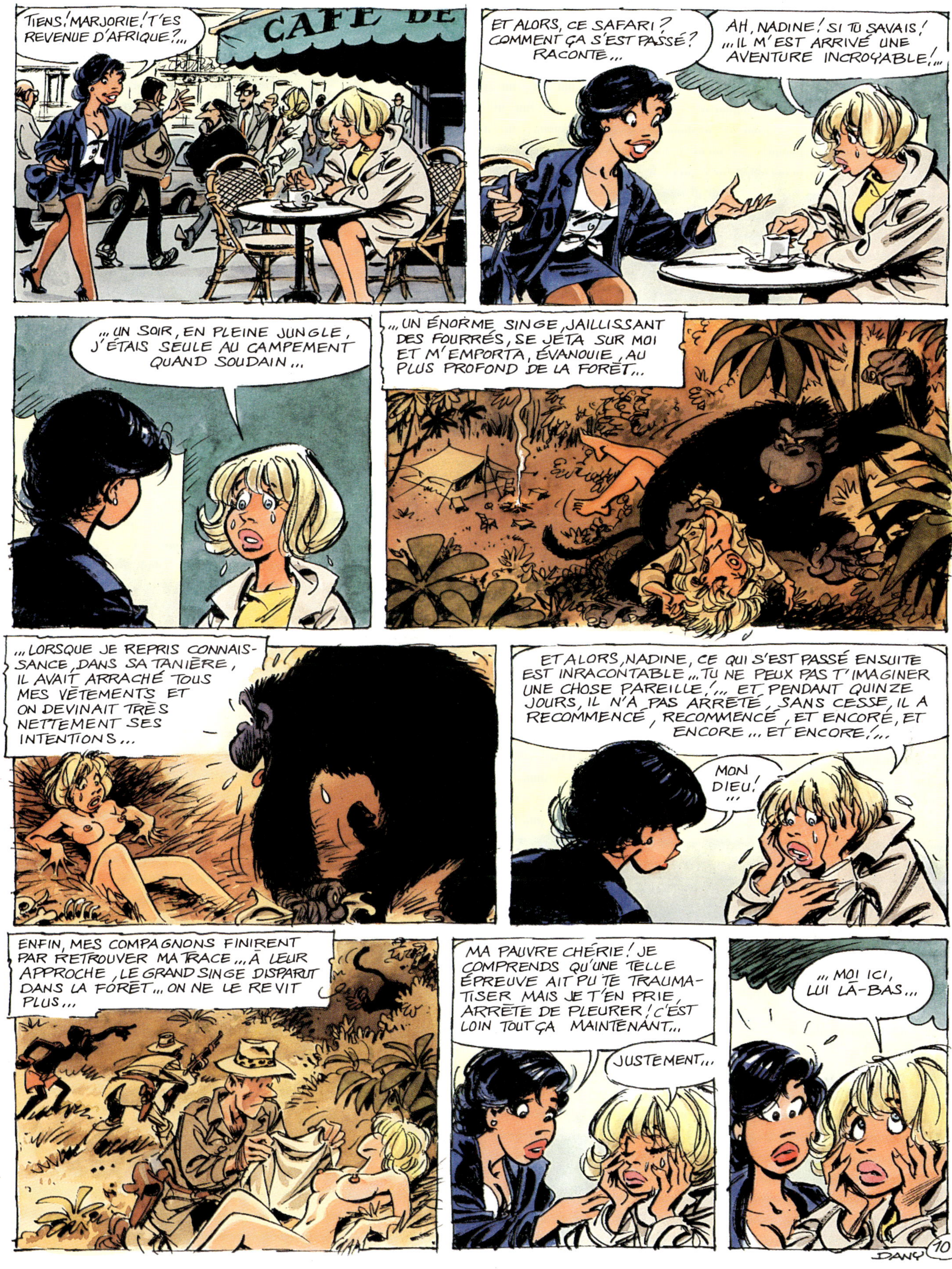

DANY

DANY

NE NOUS ABANDONNEZ PAS PENDANT LES VACANCES...
DANY

asile!...

VRRR
NOM DE D DE BO DE N !!
... LÀ, ON EST EMBOURBÉ JUSQU'AU TOIT ! PLUS MOYEN DE BOUGER D'UN PNEU !...
MON DIEU !...
... MAIS, QU'EST-CE QU'ON VA FAIRE ? IL Y A AU MOINS 50 KMS QU'ON N'A PLUS VU LA MOINDRE HABITATION ! ON EST COMPLÈTEMENT PAUMÉS !...
OUAIS, TU L'AS DIT ! ET DE PLUS, LA NUIT FAIT COMME LA FLOTTE, ELLE TOMBE !...
OH ! ÉCOUTE...
QUOI ?
DONG DONG DONG
... UNE CLOCHE !... J'ENTENDS SONNER UNE CLOCHE !
C'EST TOI QUI... AH ! NON ! T'AS RAISON...
... ON DIRAIT LA CLOCHE D'UNE ÉGLISE... IL DOIT Y AVOIR UN VILLAGE PAS LOIN ! SAUVÉS !...
C'EST DE CE CÔTÉ...
QUEL BLED !
JEAN-MARC ! LÀ ! UNE LUMIÈRE !
103 A

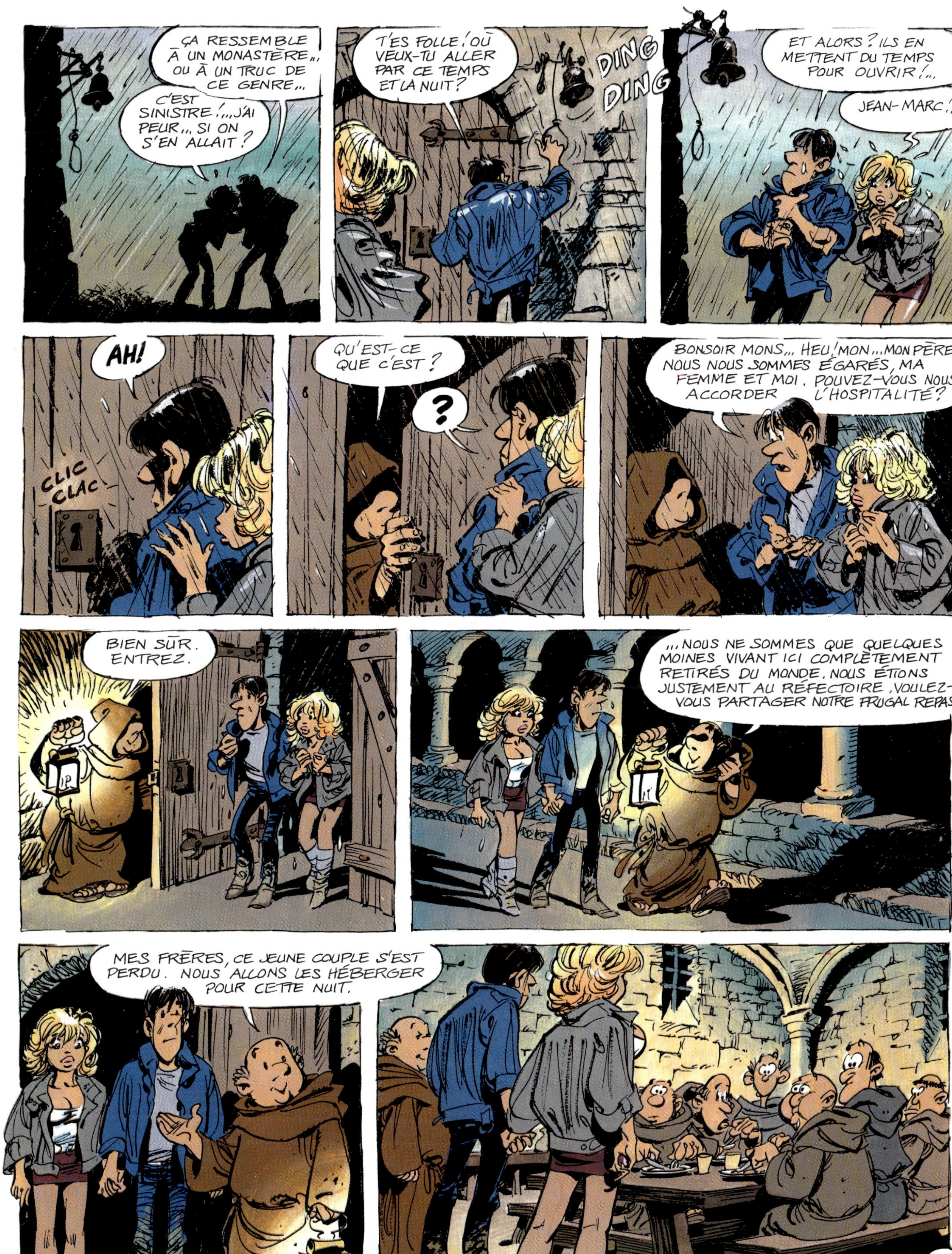
ÇA RESSEMBLE À UN MONASTÈRE... OU À UN TRUC DE CE GENRE...
C'EST SINISTRE!... J'AI PEUR... SI ON S'EN ALLAIT?
T'ES FOLLE! OÙ VEUX-TU ALLER PAR CE TEMPS ET LA NUIT?
DING
DING
ET ALORS? ILS EN METTENT DU TEMPS POUR OUVRIR!...
JEAN-MARC!...
AH!
CLIC CLAC
QU'EST-CE QUE C'EST?
?
BONSOIR MONS... HEU! MON... MON PÈRE, NOUS NOUS SOMMES ÉGARÉS, MA FEMME ET MOI. POUVEZ-VOUS NOUS ACCORDER L'HOSPITALITÉ?
BIEN SÛR. ENTREZ.
... NOUS NE SOMMES QUE QUELQUES MOINES VIVANT ICI COMPLÈTEMENT RETIRÉS DU MONDE. NOUS ÉTIONS JUSTEMENT AU RÉFECTOIRE. VOULEZ-VOUS PARTAGER NOTRE FRUGAL REPAS?
MES FRÈRES, CE JEUNE COUPLE S'EST PERDU. NOUS ALLONS LES HÉBERGER POUR CETTE NUIT.
103 B

...VOUS N'AVEZ PLUS FAIM? ALORS VENEZ, NOUS ALLONS VOUS MONTRER VOTRE CHAMBRE.
VOUS NOUS EXCUSEREZ SI CE N'EST PAS TRÈS CONFORTABLE...
...MAIS NOUS N'AVONS GUÈRE LE SOUCI DU BIEN-ÊTRE MATÉRIEL, NOTRE PETITE COMMUNAUTÉ MÈNE UNE EXISTENCE AUSTÈRE, ENTIÈREMENT VOUÉE À LA MÉDITATION ET À LA PRIÈRE.
VOUS DORMIREZ EN HAUT DE LA TOUR. C'EST LA MEILLEURE CHAMBRE.
VOILÀ. DORMEZ BIEN.
BONNE NUIT, ET MERCI POUR TOUT.
OUF! PAS FÂCHÉE D'ENLEVER CES FRINGUES HUMIDES!...
Y SONT SYMPAS, LES PETITS MOINES... HÉ! N'EMPÊCHE, S'ILS VOYAIENT ÇA!
OH, TU CROIS QUE...
MAIS NON! JE RIGOLE!
QU'EST-CE QU'ILS FONT?...
QU'EST-CE QU'ILS FONT?...

ILS SE DÉSHABILLENT!
ILS SE DÉSHABILLENT.
ILS SE DÉSHABILL
ILS SE DÉSHABILLENT.
ILS SE DÉSHABILLENT.
ILS SE DÉSHABILLENT.
ILS SE SHABILLENT
TOUT DE MÊME, MOI, J'AI TROUVÉ QU'ILS ME REGARDAIENT D'UNE FAÇON BIZARRE, TOUT À L'HEURE!...
BAH! TU TE FAIS DES IDÉES. ... À PROPOS D'IDÉES ...
...ET MAINTE QU'EST ONT
...ET MAINTENANT, QU'EST-CE QU'ILS FONT?
...ET MAINTENANT, U'EST-CE U'ILS FONT?
...ILS SE METTENT AU LIT...
...ILS S
IT...
...ILS SE METTENT AU LIT...
ILS SE METTEN AU LIT.
IL SE ME AU
MOI, ÇA M'EXCITERAIT PLUTÔT, CETTE AMBIANCE MONACALE...
OH TOI, TOUT T'EXCITE, ALORS...
...ET MAINTENA QU'EST-CE QU'I FONT?
...ET MAINTEN QU'EST-QU'ILS FONT?
MAINTENANT EST-CE QU'ILS FONT?
...ILS SE FONT PLEIN DE CHOSES! ...
ILS SE FONT PLEIN DE CHOSES! ...
ILS SE FO PLEIN
ET MAINTENANT?
ET MAINTENANT?
ET MAINTENANT
ET TENANT?
ÇA Y EST! ILS FONT L'AMOUR! ...
ILS FONT L'AMOUR! ...
ILS FONT L'AMOUR! ...
ILS FONT L'AMOUR! ...
ILS FONT
103

ET ALORS?
ALORS?
ET ALORS?
ET ALORS? ET ALORS?
...JE CROIS QUE... QU'IL VA JOUIR !...
IL VA JOUIR.
IL VA JOUIR.
AAA! AAA! AAA!
OUI! OUI! OUI! OUIII
ET ALORS?
ET ALORS?
ET ALORS?
ET ALORS?
ET ALORS?
...IL JOUIT!!
MOI AUSSI!
MOI AUSSI!
MOI AUSSI!
MOI AUSSI!
MOI AUSSI!
MOI AUSSI!
MOI AUSSI!
MOI AUSSI!
MOI AUSSI!
MOI AUSSI! MOI AUSSI!
103
DANY E. GOFFIN.

Ça, c'est ce qu'on appelle une fille «canon»!
Un vrai corps d'élite,
imbattable au corps à corps.

DANY

Le repos du guerrier

"Enjambant les corps des livides Worglums qu'il venait de terrasser, Gorthal s'avança vers la belle Aciriaa dont le sein frémissait du trouble qui se lisait dans ses grands yeux pervenche. Plantant sa lourde épée dans la terre gorgée du sang blême de ses ennemis, il la serra contre son torse puissant et connut enfin, tandis que le soleil couchant les nimbait de ses derniers rayons, les mille douceurs du repos du guerrier."

Le repos du guerrier… tu parles, Charles! Le débile profond qui a écrit ces fadaises n'a pas dû en connaître lourd, des nanas. Le repos du guerrier, je vous jure… Feuilletez donc cet album que vous tenez probablement d'une main… Visez-moi ces poitrines d'odalisques, ces chutes de reins africaines, ces cuisses californiennes, ces filtrants regards d'Ibères et ces pulpeuses moues à l'italienne… Vous pensez sincèrement que si une chance incroyable vous faisait croiser le chemin d'une seule de ces créatures de rêve, vous allez vous re-po-ser?!? Laissez-moi doucement me marrer.

L'amour est un sport de haut niveau, mes bons amis. Un parcours de compétition qui exige une condition physique exceptionnelle et un entraînement de tous les instants si on veut franchir la ligne d'arrivée en un seul morceau. Et ce n'est pas Dany, ceinture noire troisième dan de kamasutra, qui me démentira. À côté d'une partie de jambes en l'air (surtout quand il y en a plus que quatre), c'est la guerre qui est reposante, pas l'inverse.

Nos aïeux l'avaient bien compris, eux, qui savaient préparer leurs rejetons au Grand Combat Universel en leur faisant lire dès leur plus jeune âge ces merveilleux manuels initiatiques que sont La Belle au Bois Dormant (que d'un œil), Peau d'Ane (le plaisir en travesti), Blanche-Neige (sept d'un coup), Le Chat Botté (tout cuir), La Belle et la Bête (sans commentaire) ou Le Petit Poucet (tous les goûts sont dans la nature). D'accord, un certain Walt Disney a bien failli réussir à faire croire à plusieurs générations qu'il ne fallait voir dans ces grands classiques de la joyeuse paillardise que d'innocents contes pour bambins émasculés. Mais, fort heureusement, Dany est arrivé pour remettre les pendules à l'heure et les fantasmes à leur place. Grâce et volupté lui en soient rendues.

Ce qui m'a donné des idées, tiens. Vite, vite, une petite séance de musculation intensive et je cours à mon rendez-vous avec le Petit Chaperon Rouge dont ce vieux coquin de Grand Méchant Loup m'a affirmé qu'elle ne portait jamais de culotte…

Jean Van Hamme

drôle de bobinette!

TOC, TOC
QUI EST LÀ ?
C'EST LE PETIT CHAPERON ROUGE QUI VOUS APPORTE UNE GALETTE ET UN PETIT POT DE BEURRE QUE MA MÈRE VOUS ENVOIE.
TIRE LA CHEVILLETTE ET LA BOBINETTE CHERRA.
AIE ! DROLEMENT ENROUÉE LA MÉMÉ !
BONJOUR, MÈRE-GRAND, MAIS... QUE VOUS AVEZ DE GRANDES OREILLES !
C'EST POUR MIEUX T'ENTENDRE, MON ENFANT. MAIS POSE TON PANIER ET APPROCHE.
OH ! MÈRE-GRAND, QUE VOUS AVEZ DE GRANDS YEUX ?
C'EST POUR MIEUX TE VOIR, MON ENFANT !
CIEL ! MÈRE-GRAND, QUE VOUS AVEZ DE GRANDES DENTS !
HÉ !!...
C'EST POUR MIEUX TE CROQUER, MON ENFANT ! ALLEZ, HOP ! À LA CASSEROLE !
AH ? BON ! MAIS ... OH ! QUE VOUS AVEZ UN PETIT ZIZI ?!...
C'EST POUR MIEUX TE... GLLLL !...
SNIF !... FINALEMENT, MOI, JE ME DEMANDE SI JE NE PRÉFÈRE PAS L'ANCIENNE VERSION !
MORALITÉ ! PRENEZ GARDE, FILLETTE, QUAND VOUS TIREZ LA CHEVILLETTE DE SURESTIMER LA BOBINETTE !...
95B
DANY + QUINTEN

Faites le compte

LES FEMMES ET LES VISONS S'Y PRENNENT DE LA MÊME FAÇON POUR AVOIR DES VISONS.

VOUS AVEZ DES CHÈVRES GONFLABLES ? ...
LE MEILLEUR DU X
EN PROMO ! 1 BOîTE DE RUSTINES GRATUITE !
VIBRATING Teenage Girl
LOVE DOLL
Vagina
MISS WORLD
LABEL
LATEXA
-50%
BODY MASSAGER
VICE
HOT ONE
Les Must du X
SEX CL

c'est le printemps!

...ET MAINTENANT PINOCCHIO, VAS-Y ! DIS-MOI DE GROS MENSONGES ! ...
DANY

brisons la glace!

Fantastique

Ça y est!… Dany a encore voulu que je m'y colle!…
"Tu comprends, un petit texte sur le sexe, mais drôle,
comme tu le fais si bien (concerto pour violons de Pagadany),
ça te prendra pas beaucoup de temps! …
Mais qu'est-ce qu'on peut lui refuser, à Dany, lui qui est si gentil…
"Sur le fantastique, si tu veux bien!" a-t-il ajouté.
Mmouais… Voyons ce qu'en dit mon dictionnaire préféré.
Fantastique: *adj.* et *n.m.* (XIVe; bas lat.*phantasticus*, gr. *phantastikos*,
de *phantasia.* **V.Fantaisie, fantasque**).Qui est créé par l'imagination,
qui n'existe pas dans la réalité.**V.Fabuleux, imaginaire, irréel, surnaturel.**
Eh bien voilà!… Fallait pas chercher bien loin: c'est tout ça, le sexe!

Bob de Groot

Le «bondage», je ne suis pas contre.
Ça peut resserrer les liens…

vice de forme

DANY

cauchemardeuse…

DANY

pur esprit

CHARLES
ATAN
MÉDIUM
DOCTEUR ÈS SCIENCES OCCULTES ET
SPIRITISME
UNIQUEMENT SUR RENDEZ-VOUS.
... PRENEZ PLACE, MADAME BROCARD...
... VOUS SOUHAITEZ DONC ENTRER EN CONTACT TÉLÉPATHIQUE AVEC VOTRE MARI DÉCÉDÉ IL Y A DEUX ANS... BIEN, NOUS ALLONS ESSAYER MAIS ATTENTION, SI ÇA MARCHE, IL NE FAUDRA PAS M'INTERROMPRE, CE SERAIT TRÈS DANGEREUX, PRÊTE ?...
CONCENTRONS-NOUS AU MAXIMUM.
... OUI... JE... JE SENS QUE... OUI... OUI, MONSIEUR BROCARD...
?
... SUR LA TABLE ?... BIEN, MONSIEUR BROCARD...
... COMME ÇA, MONSIEUR BROCARD ?... ENSUITE ?... AH ?... BON, J'EXÉCUTE VOS ORDRES, MONSIEUR BROCARD.
CHLONG CHLONG CHLO
HEU !... DITES-MOI, ÊTES-VOUS CERTAIN QUE VOUS ÉTIEZ BIEN EN CONTACT AVEC MON MARI ?...
ABSOLUMENT, MADAME ! JE VOUS ASSURE QUE C'EST LUI QUI A COMMANDÉ TOUT CE QUI S'EST PASSÉ ! ... D'AILLEURS, MOI... HEU... JE NE ME SOUVIENS DE RIEN !
AH BON ?... C'EST CURIEUX PARCE QUE C'ÉTAIT PLUTÔT LA POSITION FAVORITE DU PHARMACIEN QUI EST MORT DANS UN ACCIDENT LA SEMAINE DERNIÈRE !
99
DANY + QUINTEN.

rien à voir

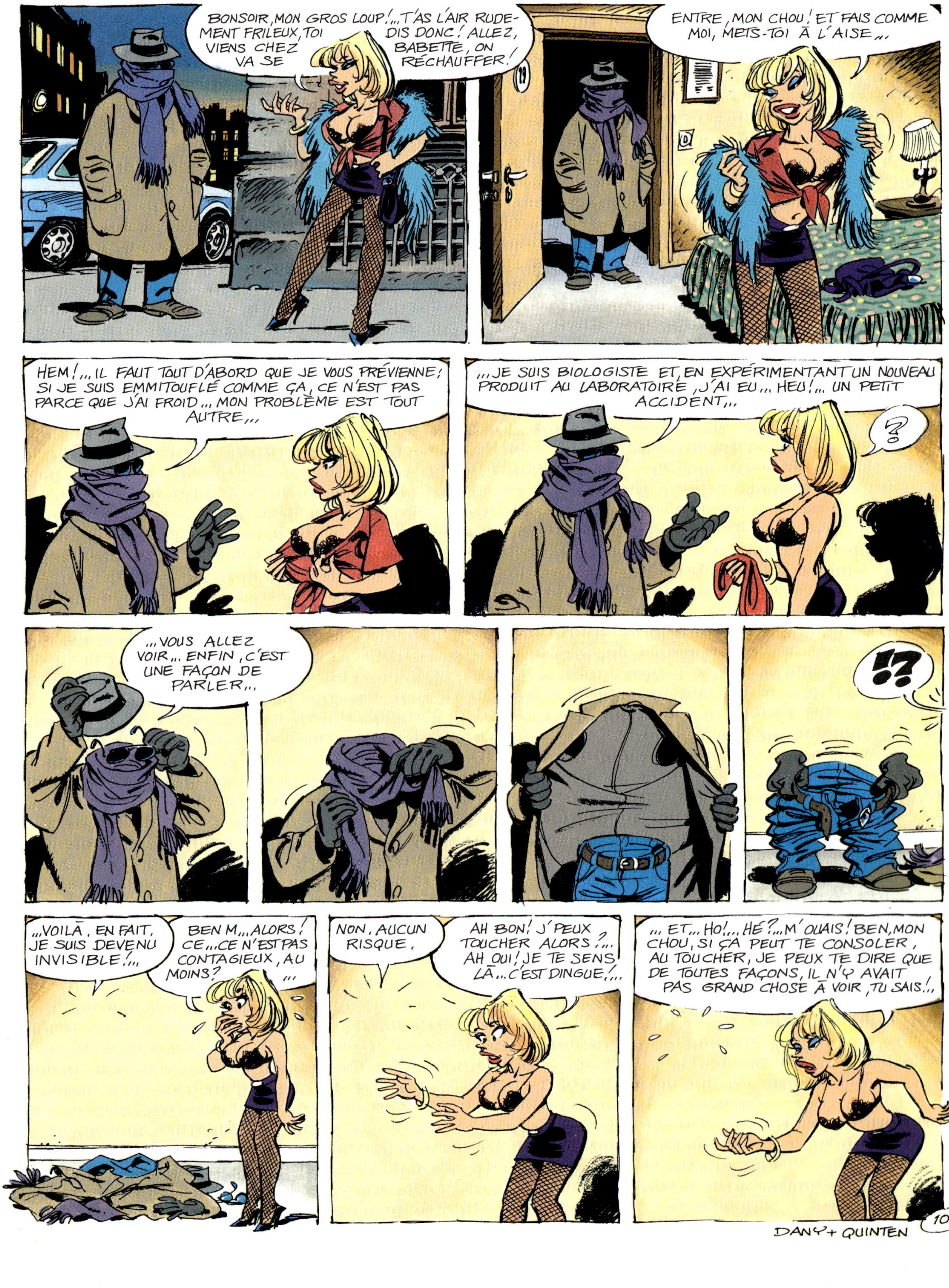

BONSOIR, MON GROS LOUP!... T'AS L'AIR RUDEMENT FRILEUX, TOI DIS DONC! ALLEZ, VIENS CHEZ BABETTE, ON VA SE RÉCHAUFFER!
ENTRE, MON CHOU! ET FAIS COMME MOI, METS-TOI À L'AISE...
HEM!... IL FAUT TOUT D'ABORD QUE JE VOUS PRÉVIENNE! SI JE SUIS EMMITOUFLÉ COMME ÇA, CE N'EST PAS PARCE QUE J'AI FROID... MON PROBLÈME EST TOUT AUTRE...
...JE SUIS BIOLOGISTE ET, EN EXPÉRIMENTANT UN NOUVEAU PRODUIT AU LABORATOIRE, J'AI EU... HEU!... UN PETIT ACCIDENT...
?
...VOUS ALLEZ VOIR... ENFIN, C'EST UNE FAÇON DE PARLER...
!?
...VOILÀ. EN FAIT, JE SUIS DEVENU INVISIBLE!...
BEN M... ALORS! CE... CE N'EST PAS CONTAGIEUX, AU MOINS? ...
NON. AUCUN RISQUE.
AH BON! J'PEUX TOUCHER ALORS?... AH OUI! JE TE SENS LÀ... C'EST DINGUE!...
... ET... HO!... HÉ?... M'OUAIS! BEN, MON CHOU, SI ÇA PEUT TE CONSOLER, AU TOUCHER, JE PEUX TE DIRE QUE DE TOUTES FAÇONS, IL N'Y AVAIT PAS GRAND CHOSE À VOIR, TU SAIS!...
102
DANY + QUINTEN

DANY

HI! BABY! VOUS SAVEZ QUE CETTE VILLE COMPTE UN VIOL TOUTES LES SOIXANTE SECONDES ?...
?! MAIS... POURQUOI ME DITES-VOUS ÇA ?...
BEN, VOUS AVEZ BIEN UNE MINUTE ?...
Marlboro
MORRIS
VIDEO
WELCOME TO WEST HO
3GHV 690
DANY

Le piège

L'autre jour, un beau petit rayon de soleil m'avait décidé à flâner, et j'étais là, mains dans les poches, un brin de muguet accroché au revers de mon esprit, arpentant sans penser à mal les rues de notre bonne vieille capitale, quand soudain s'inscrivit en contours de feu dans mon champ visuel une de ces ravissantes brunettes qui nous font nous demander pourquoi le père Adam n'a croqué qu'une seule pomme.
Vous savez bien, bouche appétissante comme un de ces desserts dont seules nos grand-mères avaient le secret… Dorée comme un pain d'épices, le genre "qui veut me croquer?"… Une créature, comme les baptisent, du bout de leurs lèvres pincées, les femmes dont le physique a été boudé par Mère Nature.
Bref, elle parcourait l'asphalte du pas assuré que lui conféraient ses longues jambes gainées de soie, quand soudain un garçon pas mal du tout, et surtout de l'âge de la brunette, le salaud, allume son regard pétillant.
Sourire du gars, sourire de la fille en guise de réponse.
C'est le moment où il faut qu'il concrétise…
Euh… Il fait beau, dit-il en rougissant juste ce qu'il faut pour paraître honnête… Tu parles! Il tombait des cordes! Eclat de rire de la jeune fille, mais bon… c'était gagné! Ils allaient tomber dans le piège de l'amour!… Comment?… Qui allait piéger l'autre? Mais, grand dieux, quelle importance?…
Piégeur ou piégé, peu importe puisque c'est le piège qui est délicieux!

Bob de Groot

un beau doublé

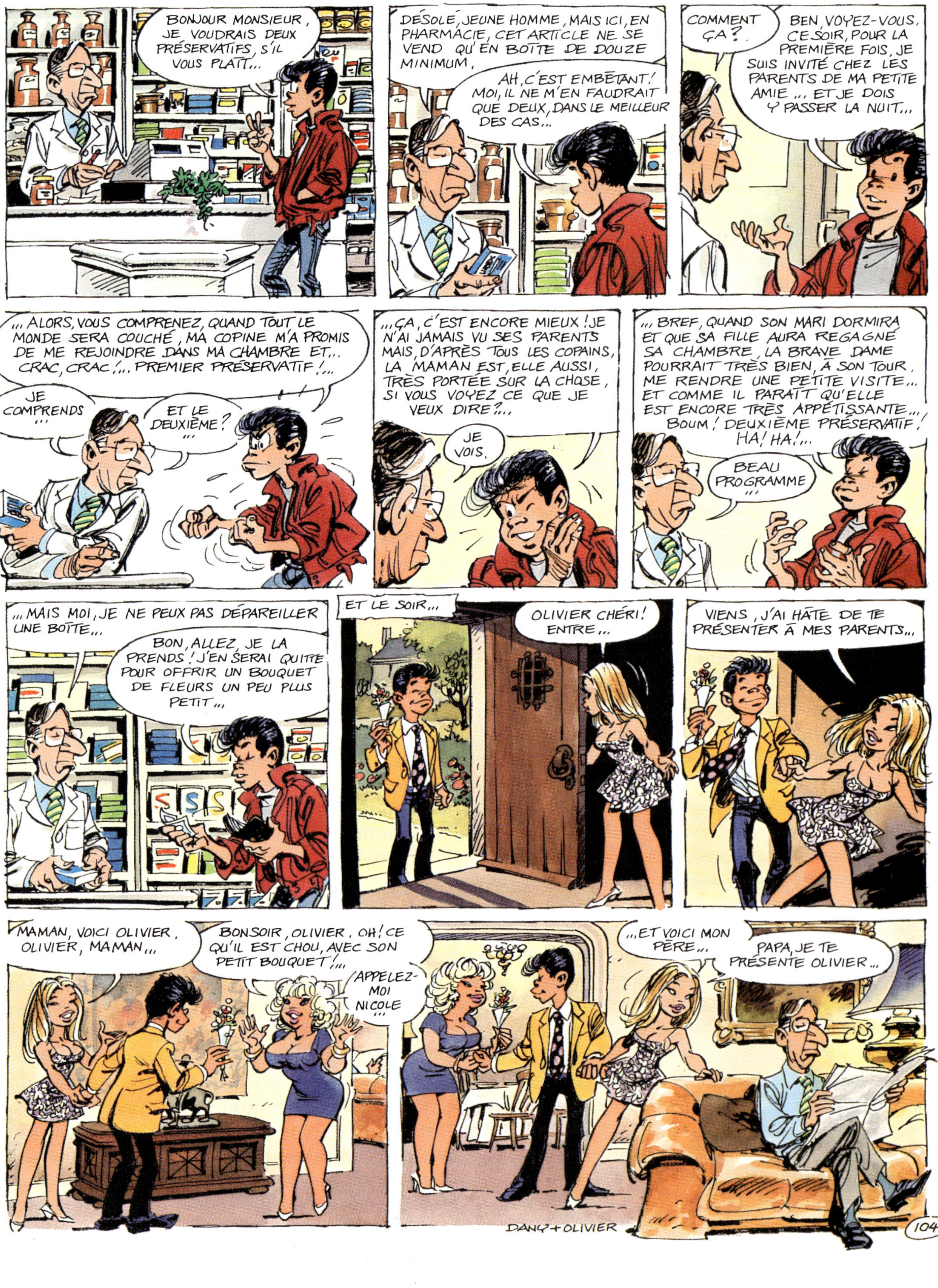

T'AS VU CE MEC?... IL EST PAS MAL, DOMMAGE QU'IL AIT UN PETIT STRABISME...
OUI, JE SAIS... ET EN PLUS, IL LOUCHE.
DANY

OH!! ESPÈCE DE SALOPARD!! QU'EST-CE QUE VOUS FAITES AVEC MA FEMME??
TU VOIS! JE T'AVAIS BIEN DIT QU'IL ÉTAIT CON!
DANY

un verre, ça va…

LE LENDEMAIN, MÊME HEURE...
'SOIR! UN WHISKY, S'HIC!... S'IL VOUS PLAÎT!
C'EST PAS VRAI?! LA REVOILÀ!...
UN-HIC!-UN AUTRE BARMAN!
'NUIT, BAR-HIC!-BARMAN!...
BARDAF
SCHLONG SCHLONG SCHLONG
ZZZ
...QUELQUES SCHLONGS PLUS TARD...
ALLEZ MA POULE! OUSTE! ON FERME!
LE SOIR SUIVANT...
...DEUX SOIRS DE SUITE, JE TE DIS! ...ET ELLE EST VACHEMENT BIEN ROULÉE, LA NANA, TU PEUX ME CROIRE!...
ÇA ALORS!
BEN TIENS, LA VOILÀ!...
'SOIR! UN WHISKY, S'HIC!... S'IL VOUS PLAÎT.
DEUX WHISKIES PLUS TARD...
BARDAF
TU VOIS!...
87
B

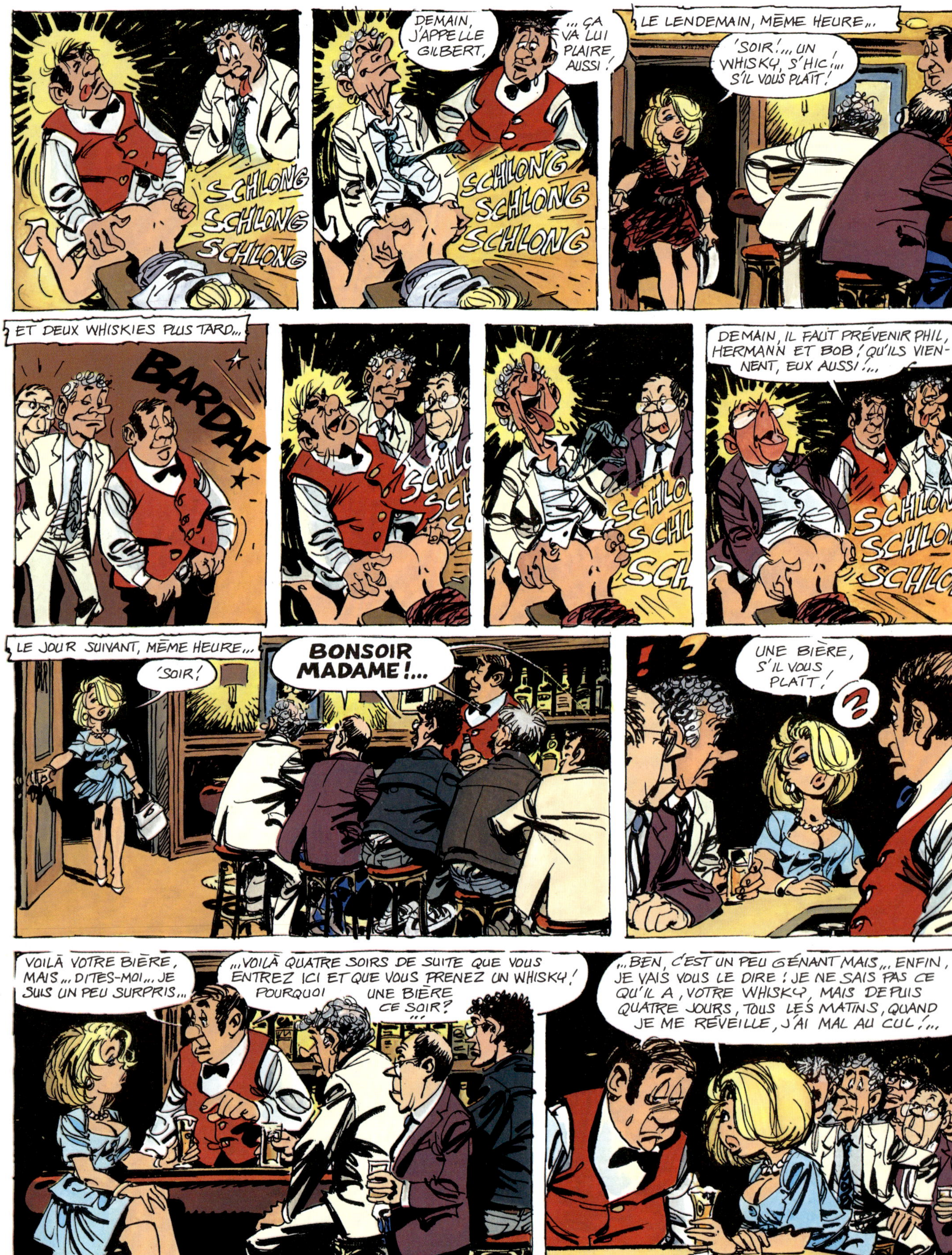
SCHLONG
SCHLONG
SCHLONG
DEMAIN, J'APPELLE GILBERT,
... ÇA VA LUI PLAIRE AUSSI !
SCHLONG
SCHLONG
SCHLONG
LE LENDEMAIN, MÊME HEURE...
'SOIR !... UN WHISKY, S'HIC !... S'IL VOUS PLAÎT !
ET DEUX WHISKIES PLUS TARD...
BARDAF
DEMAIN, IL FAUT PRÉVENIR PHIL, HERMANN ET BOB ! QU'ILS VIENNENT, EUX AUSSI !...
LE JOUR SUIVANT, MÊME HEURE...
'SOIR !
BONSOIR MADAME !...
UNE BIÈRE, S'IL VOUS PLAÎT !
?
VOILÀ VOTRE BIÈRE, MAIS... DITES-MOI... JE SUIS UN PEU SURPRIS...
...VOILÀ QUATRE SOIRS DE SUITE QUE VOUS ENTREZ ICI ET QUE VOUS PRENEZ UN WHISKY ! POURQUOI UNE BIÈRE CE SOIR ?...
...BEN, C'EST UN PEU GÊNANT MAIS... ENFIN, JE VAIS VOUS LE DIRE ! JE NE SAIS PAS CE QU'IL A, VOTRE WHISKY, MAIS DEPUIS QUATRE JOURS, TOUS LES MATINS, QUAND JE ME RÉVEILLE, J'AI MAL AU CUL !...
87
©
DANY.

Fermer les maisons closes, c'est plus qu'un crime, c'est un pléonasme.

Arletty

c'est pas toujours la plus grosse qui…

une affaire!

SHOW NOW ON
UPCHIC CLUB STRIPTEASE
STRIPTEASE
HEM!... COMBIEN?
MILLE FRANCS, MON CHOU.
OULÀ! TROP CHER!
HEU!...J'AI RÉFLÉCHI. C'EST D'ACCORD POUR MILLE FRANCS.
OUAIS! EH BIEN MOI AUSSI, J'AI RÉFLÉCHI! MAINTENANT, C'EST DEUX MILLE FRANCS!
!! C'EST DÉGUEULASSE! C'EST DE L'ARNAQUE!...
HEU!... BON, ÇA VA POUR DEUX MILLE...
AH NON! MAINTENANT C'EST TROIS MILLE!
QU...!! HEU!...BON, BON, D'ACCORD POUR TROIS MILLE!!...
AMÈNE-TOI, MON CHOU... MAIS J'ESPÈRE QUE TU ES MEILLEUR AU LIT QU'EN AFFAIRES!
DANY + O.V. 101

HEU!... QUE PRÉFÉREZ-VOUS, MA CHÉRIE : ALLER DIRECTEMENT À L'HÔTEL OU VISITER TOUT D'ABORD LA TOUR EIFFEL? ...
COMMENÇONS PAR L'HÔTEL!... DEMAIN, LA TOUR EIFFEL SERA ENCORE DEBOUT...
SNCF
TAXI PARISIEN
Coca-Cola
DANY

Ah, les femmes !!!

Mon amour pour les femmes me pousse à estimer que la merveilleuse chanson de Julien Clerc «Femmes, je vous aime» devrait être l'hymne universel des mâles.
Quelle extraordinaire chanson!!!
Oh, à propos de cette chanson, on m'a raconté… Je ne garantis pas l'authenticité de l'anecdote; je vous la rapporte comme on me l'a dite.
Il paraît qu'un soir, alors que Julien Clerc venait de terminer son triomphal tour de chant par «Femmes, je vous aime», quelqu'un aurait entendu dans les coulisses Mme Clerc dire à son Julien de mari: «Au lieu de bêler tous les soirs cette déclaration, tu ferais mieux de me la dire à moi…
ET DE ME LE PROUVER PLUS FRÉQUEMMENT!»
Il paraît que Julien Clerc était tout rouge…
On raconte n'importe quoi sur les vedettes. Il y en a même qui disent que Dany est un obsédé sexuel!

Allah maison! Et vite!

ARETHA
CONNERY
DANY
STALLONE
...VOUS QUI VOULEZ FAIRE DU CINÉMA, CONNAISSEZ-VOUS LA DIFFÉRENCE ENTRE UN PRODUCTEUR ET UN AUTOBUS? ...
JE NE SAIS PAS. JE NE SUIS JAMAIS PASSÉE SOUS UN AUTOBUS...
DANY

introduction

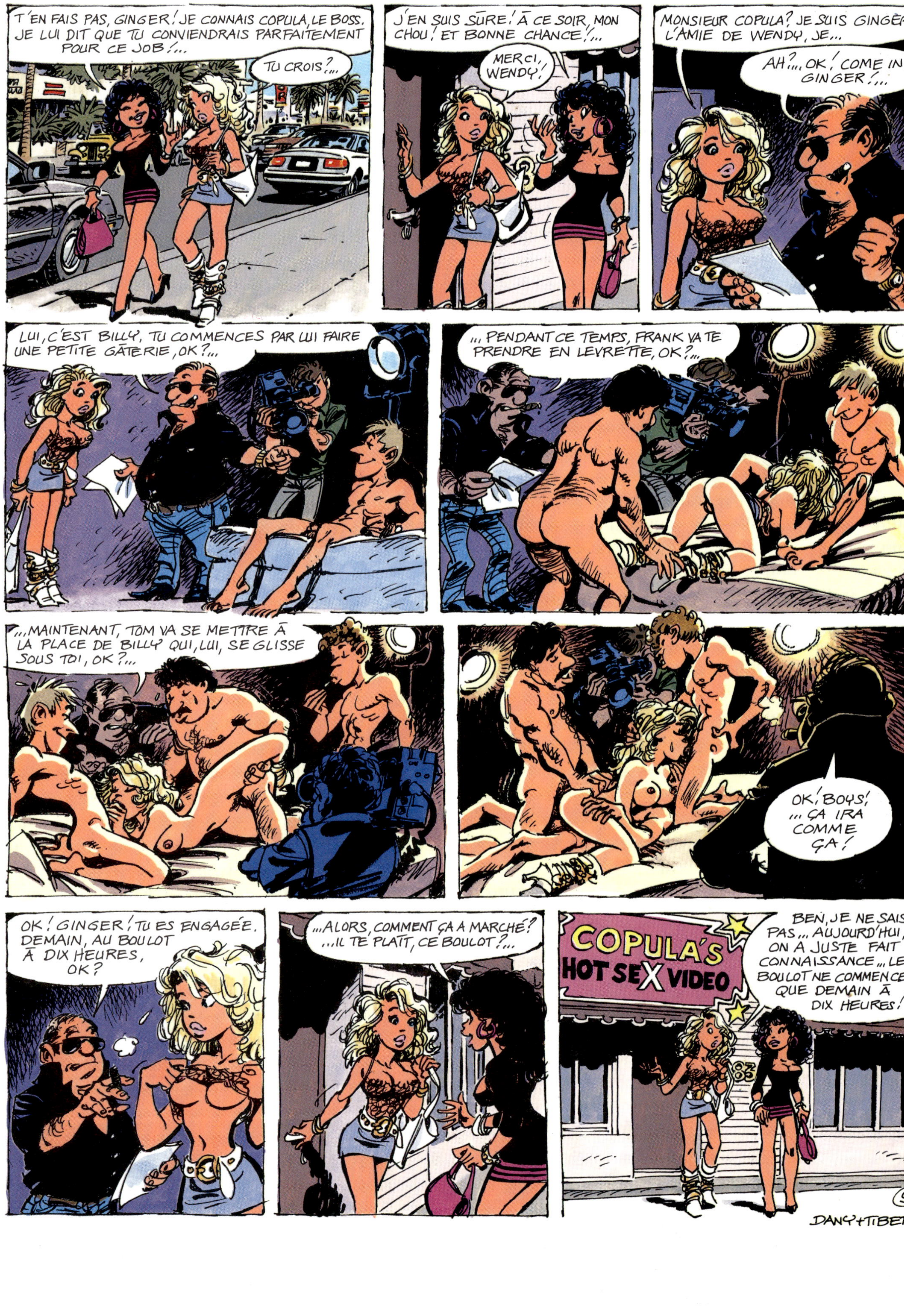

...ILS NE DEVAIENT PAS ÊTRE TRÈS EFFICACES, CES PRÉSERVATIFS ANTIQUES!
DANY + KASUKU

c'est le pied!

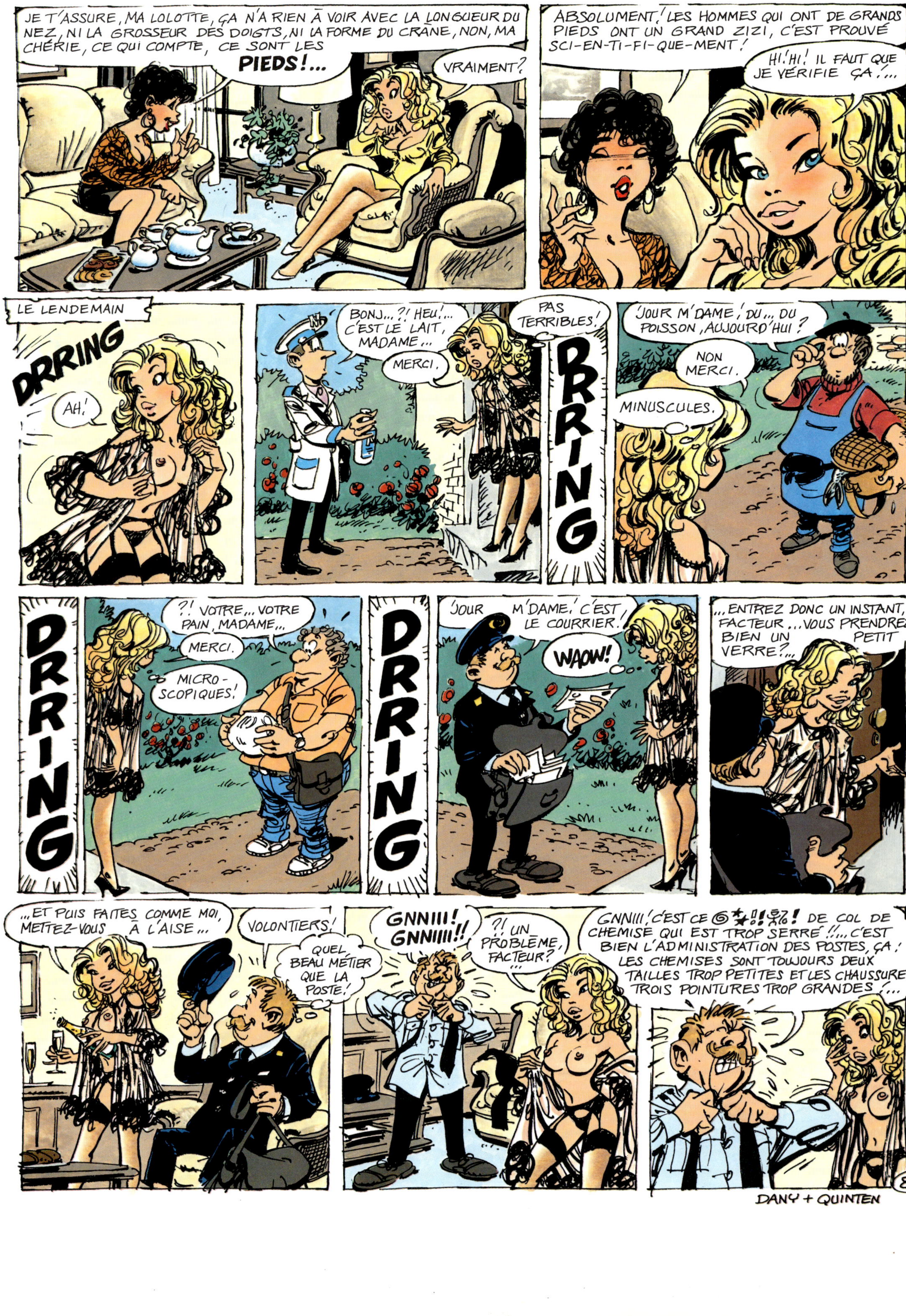
JE T'ASSURE, MA LOLOTTE, ÇA N'A RIEN À VOIR AVEC LA LONGUEUR DU NEZ, NI LA GROSSEUR DES DOIGTS, NI LA FORME DU CRÂNE, NON, MA CHÉRIE, CE QUI COMPTE, CE SONT LES PIEDS !...
VRAIMENT ?
ABSOLUMENT ! LES HOMMES QUI ONT DE GRANDS PIEDS ONT UN GRAND ZIZI, C'EST PROUVÉ SCI-EN-TI-FI-QUE-MENT !
HI ! HI ! IL FAUT QUE JE VÉRIFIE ÇA !...
LE LENDEMAIN
DRRING
AH !
BONJ... ?! HEU !... C'EST LE LAIT, MADAME...
MERCI.
PAS TERRIBLES !
DRRING
'JOUR M'DAME ! DU... DU POISSON, AUJOURD'HUI ?
NON MERCI.
MINUSCULES.
DRRING
?! VOTRE... VOTRE PAIN, MADAME...
MERCI.
MICRO-SCOPIQUES !
DRRING
'JOUR M'DAME ! C'EST LE COURRIER.
WAOW !
...ENTREZ DONC UN INSTANT, FACTEUR... VOUS PRENDREZ BIEN UN PETIT VERRE ?...
...ET PUIS FAITES COMME MOI, METTEZ-VOUS À L'AISE...
VOLONTIERS !
QUEL BEAU MÉTIER QUE LA POSTE !
GNNIII ! GNNIIII !!
?! UN PROBLÈME, FACTEUR ?...
GNNIII ! C'EST CE @★!!%! DE COL DE CHEMISE QUI EST TROP SERRÉ !!... C'EST BIEN L'ADMINISTRATION DES POSTES, ÇA ! LES CHEMISES SONT TOUJOURS DEUX TAILLES TROP PETITES ET LES CHAUSSURES, TROIS POINTURES TROP GRANDES !...
88
DANY + QUINTEN

MOI, J'AIME PAS TROP CETTE MODE EXTRA-LARGE POUR LES MECS. ET TOI ?...
MOI NON PLUS. ON NE VOIT PLUS CE QU'ILS PENSENT !
DANY.

MADEMOISELLE, IL Y A SIX MOIS, VOUS AVEZ ÉTÉ ENGAGÉE COMME DACTYLO, TROIS MOIS PLUS TARD, VOUS ÉTIEZ SECRÉTAIRE DE DIRECTION. ENSUITE, VOICI UN MOIS QUE VOUS AVEZ ÉTÉ NOMMÉE DIRECTRICE DE DÉPARTEMENT ET AUJOURD'HUI, J'AI LE PLAISIR DE VOUS ANNONCER QUE VOUS DEVENEZ DIRECTRICE GÉNÉRALE ADJOINTE. MADEMOISELLE, ÊTES-VOUS SATISFAITE DE L'ÉVOLUTION DE VOTRE CARRIÈRE AU SEIN DE NOTRE SOCIÉTÉ ?...
OUI, MON GROS BIQUET.
DANY

tout est dans le planté de bâton

AU FAIT, SAVEZ-VOUS LESQUELS DE VOS MUSCLES TRAVAILLERAIENT LE PLUS SI NOUS FAISIONS L'AMOUR ?...
OUI. MES ZYGOMATIQUES.
FITNESS
FITNESS
DANY + QUINTEN

DANY

Un peu de nostalgie…

Et maintenant, un peu de nostalgie…
Je ne résiste pas au plaisir de vous offrir ma toute première bande dessinée érotique.
Ces quatre pages ont été éditées par Jacques Glénat et publiées dans «Le Canard Sauvage» en 1973.
Ce qui ne rajeunit personne…

communicabilité

par **dany**

2

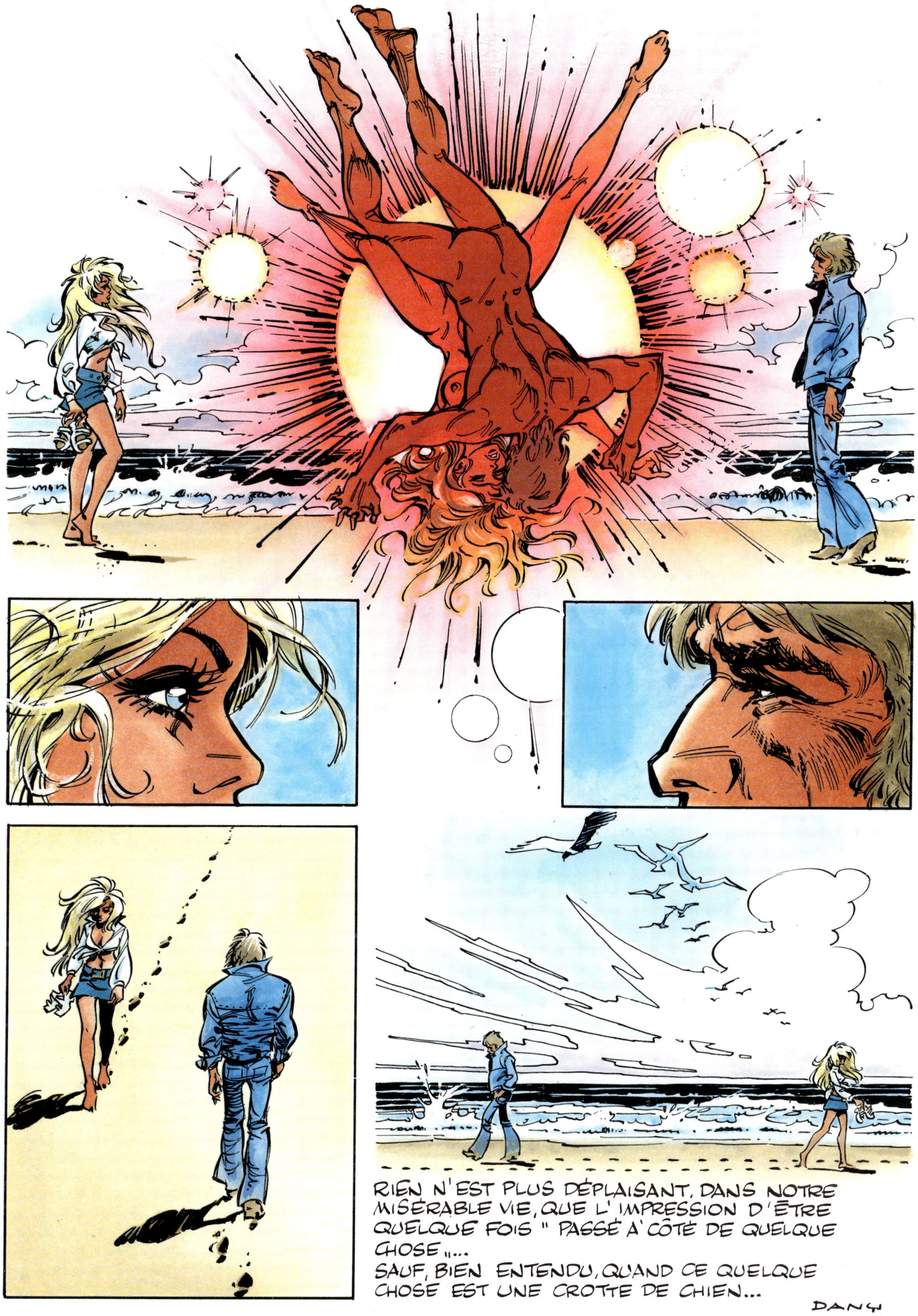

RIEN N'EST PLUS DÉPLAISANT, DANS NOTRE MISÉRABLE VIE, QUE L'IMPRESSION D'ÊTRE QUELQUE FOIS " PASSÉ À CÔTÉ DE QUELQUE CHOSE "...
SAUF, BIEN ENTENDU, QUAND CE QUELQUE CHOSE EST UNE CROTTE DE CHIEN...
DANY

"Elle était belle comme la femme
d'un autre..."

Paul Morand

DU MÊME AUTEUR...

P&T Production

Dans la même collection:

1. Ça vous intéresse?
2. On va plus loin?
3. Vous n'avez pas honte?

***Arlequin** (avec Van Hamme)*

1. Les éléphants se plument à l'aube
2. L'as, le roi, la dame et le valet
3. La baleine qui chantait faux

Editions du Lombard

Equator

1. Caro
2. Katale *(avec Desberg)*

***Histoire sans héros** (avec Van Hamme)*

1. Histoire sans héros
2. Vingt ans après

***Bernard Prince** (avec Greg)*

- Le piège aux 100.000 dards
- Orage sur le Cormoran

***Olivier Rameau** (avec Greg)*

1. La merveilleuse odyssée
2. La bulle de si-c'était-vrai
3. Le château des 4 lunes
4. La caravelle de n'importe où
5. Le grand voyage en Absurdie
6. L'oiseau de par-ci, par là
7. Le miroir à 3 faces
8. La trompette du silence
9. Le canon de la bonne humeur
10. Le rêve aux 7 portes
11. L'océan sans surface

Avec Dupa, Turk, de Groot et Greg:

Alice au pays des merveilles

Editions Dargaud

Jo Nuage et Kay Mc Cloud *(avec Greg)*

DANY